Albert Damblon

Die Geschichte des Sankt Martin

dargestellt im Martinsfenster des Gladbacher Münsters

2012

B. KÜHLEN VERLAG

Autor
Propst Dr. Albert Damblon, Mönchengladbach

Fotografie
Reginald Weiss

Grafische Gestaltung und Satz
punkt-und-pixel Grafik, Bad Honnef

Herstellung
Druckhaus Cramer, Greven

Verlag
B. Kühlen Verlag, Mönchengladbach

ISBN 978-3-87448-366-7

Text „Sankt-Martins-Lied" Seite 39 f:
Volkslied, wahrscheinlich am Niederrhein
Ende des 19. Jahrhunderts entstanden

Inhalt

Liebe Kinder (und auch liebe Erwachsene),

im kalten und dunklen Winter habt ihr zwei Menschen besonders gern: den heiligen Martin und den heiligen Nikolaus. Beide bringen euch Geschenke, beide sind liebenswerte Menschen.

Die Lebensgeschichte vom heiligen Martin erzähle ich euch.

Sie begann weit weg von hier. Martin wurde in Ungarn geboren. Ungarn gehörte damals zum Reich des römischen Kaisers. In seinem Heer war der Vater von Martin ein tüchtiger Offizier. Ihm waren viele Soldaten unterstellt. Wie es damals üblich war, musste sein Sohn Martin auch Soldat werden, um im Namen des Kaisers Krieg zu führen. Seine Eltern hatten ihm schon einen kriegerischen Namen gegeben: Martin. Er erinnerte an den römischen Kriegsgott Mars. Mit ihm zogen die Soldaten in den Krieg. Mars sollte den Offizierssohn zu einem genauso tüchtigen Befehlshaber wie seinen Vater machen. Martin aber glaubte nicht an den Gott Mars. Er glaubte an Jesus Christus und bereitete sich auf die Taufe vor. Fromme Menschen hatten ihm von Jesus erzählt. Viele Jesusgeschichten kannte er. Er wusste, dass Jesus die armen Menschen gern hatte. Wie er wollte auch Martin sie gern haben. Wenn er erst einmal getauft war, so dachte er, gehöre er ganz zu Jesus. Schon vorher hatte er ein offenes Herz und freigebige Hände.

Bevor ich weitererzähle, lade ich euch in die Münsterkirche von Mönchengladbach ein. Geht dorthin und seht euch das Martinsfenster an. Es ist im nördlichen Seitenschiff. Ein bedeutender Glaskünstler hat darin das Leben des heiligen Martin darge-

stellt. Bei Glasfenstern ist es wie mit einer Martinslaterne, die ihr zum Martinsfest durch die dunklen Straßen tragt. Sie brauchen Licht. Deshalb kommt am Morgen in das Münster, dann leuchten die Fenster wunderbar. Stellt euch nicht zu nah vor das Martinsfenster und geht einfach Scheibe für Scheibe durch. Am Ende wisst ihr genau, wer der heilige Martin war.

Wir beginnen oben links mit dem spitzen Fenster. Ihr seht eine Martinsgeschichte, die ihr alle kennt. Der Soldat Martin lebte in der Stadt Amiens im Norden Frankreichs. Dort hatte der römische Kaiser eine Reitertruppe aufgestellt, um die nördliche Grenze seines Reiches zu schützen. Es herrschte ein strenger Winter, wie wir ihn manchmal auch bei uns kennen. Ungern verließ der Gardeoffizier Martin die Kaserne. Er zog sich seinen warmen, roten

O BEATUM MARTINUM QU

Soldatenmantel an, denn er musste durch Schnee, Eis und Wind. In diesem Winter erfroren viele Menschen. Den Helm auf dem Kopf und feste Stiefel an den Beinen, der junge Offizier war gut gerüstet. Der Kaiser hatte befohlen, und Martin hatte zu gehorchen. Selbst sein Pferd fror, so kalt war es. *Als er nach langem Ritt frierend wieder das Stadttor von Amiens erreicht, stutzt er und stoppt sofort sein Pferd. Vor dem Tor springt ein nackter Mann auf. Mitten im Winter trägt er kein Kleid auf seinem Körper, der schon ganz blau ist. Wenn jetzt nichts geschieht, erfriert der Mann. Martin zückt sein Schwert. Blitzschnell hat er seinen Mantel in zwei Hälften zerschnitten. Für ihn bleibt genug. Es ist nicht mehr weit bis zur Kaserne. Dem Bettler aber wird es in dieser Nacht zum ersten Mal warm.*

Wenn ihr jetzt den Kopf ein wenig hebt und nach rechts in das runde Fenster blickt, wisst ihr, wie die Martinsgeschichte weiter gegangen ist. Martin war hundemüde. Er legte sich zufrieden in sein Bett, nachdem er zur Nacht gebetet hatte. Er schlief schlecht, unruhig wälzte er sich hin und her. Der halbe rote Mantel deckte ihn gut zu. Trotzdem träumte er von Schnee, Eis und Wind. *Plötzlich sieht er im Traum ein helles Licht. Wie die Sonne leuchtet es. Mitten im Winter strahlt die Sonne. Der Traum geht weiter. Ein Mann steht mitten in der Sonne. Er hat sich in einen roten Mantel eingehüllt. Seine Arme halten ihn ganz fest. Auf keinen Fall will er ihn verlieren. Martin erkennt den Mantel und den Menschen sofort. Es sind die Hälfte seines Mantels und der frierende Bettler vor dem Stadttor. Für Martin klärt sich alles auf: In der Sonne ist Jesus. Und es hört sich für ihn so an, als ob Jesus*

ihm zuflüstert: „Du bist noch nicht getauft. Jedoch hast du mich erkannt. Ich war nackt, und du hast mir den Mantel gegeben."

Jetzt wünschte sich Martin, unbedingt getauft zu werden. Lange genug hatte er sich vorbereitet. Der Bischof der Stadt Amiens erlaubte es und taufte ihn. Martin gehörte endlich zu Jesus. Deshalb wollte er seinen Soldatendienst aufgeben. Krieg passte nicht zu Jesus. Aber sein Hauptmann bat ihn: „Bleibe noch eine kurze Zeit Martin, du wirst gebraucht." Die Germanen hatten das Römische Reich angegriffen. Der Kaiser sammelte seine Soldaten in Worms. Jeder Soldat musste mit dem Kaiser sprechen und persönlich den Lohn abholen.

TOTIS VISCERIBUS DILIGEB

Rechts oben in der Spitze seht ihr, wie Martin vor dem Kaiser steht. *Der Kaiser trägt seine goldene Krone und ein prächtiges Gewand. Dagegen hat Martin seine Soldatenstiefel angezogen. Es geht bald in den Krieg, den Martin nicht will. Der Kaiser hält gar nichts von Jesus. Er lehnt ihn ab, und seine Soldaten sollen ihn auch ablehnen. Aber Martin kennt keine Angst. Mutig redet er auf den Kaiser ein. Er nutzt die Gelegenheit, um sich vom Kaiser und dem Heer zu verabschieden. „Bis heute habe ich für dich als Soldat gekämpft," so fängt Martin seine Rede an, „jetzt kämpfe ich für Jesus. Ich bin getauft worden. Ich bin sein Soldat." Der Kaiser lacht ihn aus. Martin jedoch redet weiter. „Als Getaufter ist es mir nicht erlaubt, mit dem Schwert zu kämpfen." Jetzt wird der Kaiser böse. „Du Angsthase, du hast Angst, im Kampf zu sterben!" „Wenn du das meinst, edler Kaiser, dann gehe ich mor-*

gen ohne Schwert und ohne Rüstung in die Schlacht. Ich stelle mich dann direkt vor den Feind. Jesus wird mich mit seinem Kreuz schützen." Sofort lässt der Kaiser ihn verhaften, um ihn am anderen Tag vor die Feinde aufzustellen. Aber Jesus griff ein. Die Germanen baten um Frieden. Es wurde überhaupt nicht gekämpft. Martin verließ das Heer und zog sich in die französische Stadt Poitiers zurück.

Das erste viereckige Bild im Fenster links oben zeigt, dass sich viel im Leben von Martin verändert hatte. Er hatte versucht, seine Eltern zu bekehren, doch nur seine Mutter ließ sich taufen. In Poitiers lebte ein gelehrter und frommer Bischof. Martin zog dorthin und wurde sein Schüler. Er lernte viel Neues über Jesus. Eines Tages entschloss er sich, Priester zu werden. Doch zunächst ging er in die Einsamkeit einer

Einsiedelei, um sich dort vorzubereiten. Er wollte ganz allein mit Jesus sein. Dann wurde er Mönch. *Der Bischof von Poitiers freut sich darüber und bittet Martin, ein Kloster zu bauen. Martin trägt nicht mehr den roten Soldatenmantel, sondern eine graue Mönchskutte. Er nimmt eine Kelle in die Hand und fängt an zu mauern. Stein um Stein wachsen die Mauern des neuen Klosters. Eines Tages schaut der Bischof vorbei. Während Martin hart arbeitet, segnet er ihn und das Kloster. Auf Martins Leben und Arbeiten ruht Segen.*

Der Blick geht jetzt nach rechts in das viereckige Fenster. Die Zahl der Mönche im Martinskloster wuchs, und Martin wurde schnell überall im Land bekannt. Die Menschen schätzten den frommen Mönch und Priester. Immer hatte er Zeit für sie, hörte ihnen zu und gab ihnen einen Rat. Von überall

her brachen die Menschen auf, um seiner Predigt über Jesus zu lauschen. Da starb der alte Bischof von Tours. Sofort wussten alle, wie der neue Bischof heißen soll. „Martin, Martin!“ riefen sie wie aus einem Mund. Das war zu viel für Martin. Er versteckte sich in einem Gänsestall. Nein, Bischof wollte er nicht werden. Die Aufgabe war zu groß für ihn. Dann lieber einsam in einer Einsiedelei leben. Aber die Menschen hatten ihn schnell gefunden, weil die Gänse zu laut schnatterten. Es waren eben Martinsgänse. *Das Volk bringt ihn jubelnd in die Stadt. Als er wieder da ist, umarmen sie ihn und werfen jubelnd die Hände in die Höhe. Der Bischof kann die Wahl des Volkes nur bestätigen. Er übergibt Martin den Hirtenstab. Jetzt ist er Bischof von Tours, und er hat den Menschen in ihren Nöten und Sorgen beizustehen.*

Der Bischof Martin kümmerte sich um alle. Eines Tages starb ein junger Mann, den Martin lange unterrichtet hatte. Denn er wollte Christ werden und wartete auf die Taufe so wie vor Jahren Martin selbst. Martin reiste im Land umher, um als Bischof die Gemeinden zu besuchen. Da erkrankte der junge Mann an einem schweren Fieber. Kein Arzt half. Er starb, bevor Martin zurückgekommen war. Sein Ziel, getauft zu werden, hatte er nicht mehr erreicht. *Die Familie zieht ihm das Leichenhemd an und bahrt ihn in seinem Zimmer auf. Als Martin in die Stadt zurückgekehrt ist, hört er vom Tod seines Schülers. Traurig macht er sich sofort auf den Weg. Er lässt sich in das Zimmer des Toten einschließen. Die Familie muss draußen bleiben. Ein Bruder schaut neugierig durch das Fenster, was passiert. Da liegt der junge Mann, den Martin gerne getauft hätte. Der Bischof hebt die Hände hoch und wirft sich auf den*

Toten. So betet er um die Kraft Jesu. Den Toten hält er in seinem Blick. Er wartet und betet immer weiter. Auf Jesus kann er sich verlassen. Betend kämpft Martin mit dem Tod. Über zwei Stunden dauert es, erzählen sich die Menschen. Die Augen des Toten öffnen sich und er bewegt sich. Laut pries er Jesus. Er dankte ihm. Seine Gebete und Lieder hörte die ganze Familie draußen im Hof. Sofort lief sie in sein Zimmer. Alle staunten, wie Martin selbst einem Toten geholfen hatte. Als Bischof verteidigte er das Leben, wo er konnte.

Einmal hatte sich Martin besonders für das Leben eines Menschen eingesetzt. Inzwischen herrschte ein neuer Kaiser, der sich sehr um die Angelegenheiten der Christen kümmerte. Es war ein gewalttätiger Mensch. Durch Mord und Totschlag war er Kaiser geworden. Aus diesem Grund mied ihn Martin wie die Pest. Kein einziges Mal hatte er ihn in seinem Palast besucht. Einst verur-

teilte ein kaiserliches Gericht einen vornehmen Spanier zum Tode, weil er angeblich nicht richtig an Jesus glaubte. Er bekannte seinen Glauben in anderer Weise. Die Richter warfen ihm vor, ein Ketzer zu sein. Damals wurden Ketzer streng bestraft. Als Martin die Geschichte hörte, eilte er in die Residenz des Kaisers. Obwohl er sich niemals mit einem Mörder an einen Tisch setzen wollte, musste Martin jetzt mit dem Kaiser reden, um einen weiteren Mord zu verhindern.

Der Bischof sprang über seinen Schatten und saß am Tisch des Kaisers, wie ihr auf dem Bild rechts in der Mitte seht. *Der Kaiser thront am Kopf des gedeckten Tisches. Auf der anderen Seite steht ein Diener. Sein Schwert hat der Kaiser aufgehangen. Es droht seinen Gästen. Der Kaiser bietet Martin einen Becher Wein als Willkommensgruß an. Er trinkt und reicht*

QUALI EDI GLADIUS PERS

ihn weiter, aber nicht an den Kaiser, wie es sich damals gehörte. Der Mönch neben ihm ist würdiger als der Kaiser. Was für ein Mut! Der Kaiser staunt und erläutert den Fall des Spaniers. Martin hört aufmerksam zu. Gleich wird er erwidern. „Edler Kaiser, du darfst keinen Menschen um des Glaubens willen töten. Halte dich heraus. Glaubensfragen sind keine Sache des Kaisers." Martin trat mutig auf, da es um ein Menschenleben ging. Immer war das Leben wichtiger als der Glaube. Bischof Martin rettete es nicht, der Angeklagte wurde getötet. Der Kaiser jedoch war vom Mut Martins beeindruckt.

Die letzten beiden Fenster unten zeigen, wie Martin gestorben und begraben worden ist. Wie so oft war der Bischof auf Reisen, um die Menschen zu ermutigen und zu trösten. Obwohl

er schon über 80 Jahre alt war, mutete er sich die langen Wege zu. Die Menschen brauchten ihn. Um einen Streit zu schlichten, hatte man ihn gerufen. Flink eilte er in das Städtchen, das an dem großen Fluss lag, an dem auch seine Stadt Tours lag. Als er angekommen war, verließ ihn die Kraft und ein heftiges Fieber packte ihn. Mönche betteten ihn auf ein hartes Strohlager. Am liebsten hätte er auf Asche gelegen. „Ein Freund von Jesus stirbt in Sack und Asche", sagte er. Eine Kerze leuchtete ihm auf dem letzten Weg. *Taufwasser wird hereingebracht. Martin erinnert sich an seine Taufe. Nachdem er sie empfangen hatte, gehörte er zu Jesus. Und Jesus holt ihn. Wenn Martin mit ihm geht, braucht er keinen Bischofsstab mehr. Er gibt ihn ab. Dann stirbt er. Die Mönche tragen seinen Leichnam auf ein Schiff. Dann brechen sie mit ihm auf, um Martin in seiner Bischofsstadt Tours zu beerdigen.*

Das ist das letzte Bild. Wir schreiben den 11. November. *Sechs Mönche tragen ihren toten Bischof zum Grab. Hinter ihnen schreitet ein einfacher Mönch im weißen Gewand, das zum Gottesdienst angezogen wird. Es erinnert auch an das Taufkleid. Wieder hält er ein Buch mit den Totengebeten. Das Grab und der Tote sollen gesegnet sein. Kein Bischof geht mit zur Beerdigung, obwohl Martin wie ein Bischof gekleidet ist. Er trägt ein goldenes Gewand. Auf dem Kopf haben ihm die Mönche die Bischofsmütze angezogen. Auch sie strahlt in Gold. Die goldene Farbe ist ein Zeichen des Himmels. Heilige sind immer in Gold dargestellt. Martin ist ein Heiliger.* Bis heute verehren ihn viele Menschen. Sie lieben den heiligen Martin und feiern ihn am Martinsfest, dem 11. November.

Blickt jetzt noch einmal zurück auf das runde Fenster oben. Entdeckt ihr den eigenartigen Rahmen? Er setzt sich zusammen aus Kreuzen, Köpfen und Flügeln. Könnte es ein Bild für den Himmel sein, in dem die Engel „heilig, heilig, heilig" singen? Martin ist tatsächlich ein Heiliger des Himmels, und er stimmt mit den Engeln ein in den himmlischen Lobgesang.

Ihr, liebe Kinder, zieht am Fest dieses Heiligen mit euren Laternen durch die Straßen. Am 11. November öffnen sich die Türen der Häuser und ihr bekommt Schokolade, Äpfel und Nüsse. Der heilige Martin lässt euch nicht leer ausgehen. Beschenkt geht ihr in den Winter.

Wenn ihr genau hinschaut, findet ihr unter den Bildern eine Inschrift. Sie ist in Buchstaben geschrieben,

die ihr so in der Schule nicht lernt. Deshalb ist es vielleicht schwer, sie zu entziffern. Hinzu kommt, dass sie in lateinischer Sprache abgefasst ist. Sie beginnt oben unter dem Fenster der bekanntesten Martinsgeschichte und geht rechts weiter und springt dann von Reihe zu Reihe.

O beatum Martinum, qui totis visceribus dilige
bat Christum Regem, et non formidabat imperii princi
patum, o sanctissima anima, quam etsi gladius perse
cutoris non abstulit, palmam tamen martyrii non amisit.

Wer in der Schule Latein gelernt hat, sieht, wie die Worte über die Zeile hinausspringen. Übersetzt heißt dieses Lied, das im Gottesdienst gesungen wird:

O glücklicher Martin, der aus ganzer Kraft
Christus, den König, liebte und sich vor weltlicher Gewalt nicht fürchtete.
O heiligste Seele, der das Schwert des Verfolgers nichts anhaben konnte
und die dennoch der Palme des Martyriums nicht verlustig ging.

Martin war der erste Heilige, der kein Martyrer gewesen ist. Die Martyrer bekannten ihren Glauben an Jesus Christus vor dem römischen Kaiser und wurden deswegen hingerichtet. Sie gaben ihr Leben für Jesus. Der Heilige Martin hat seinen Glauben in seinem Leben anders bekannt. Er hat seinen Mantel mit dem Armen geteilt, er hat Tote erweckt und sich für Gefangene beim Kaiser eingesetzt. Deswegen wurde er wie ein Martyrer heilig, obwohl er sein Leben behalten hat. Für ihren Sieg über den Kaiser bekommen die Martyrer eine Palme als Siegeszeichen. Martin erhält sie auch. Da er in seinem Leben soviel Gutes getan hat, ist er bis heute ein Freund der Kinder und der Erwachsenen. Und wenn es Winter geworden ist und der 11. November vor der Tür steht, erinnert ihr euch an seine Geschichte. Vielleicht geht ihr auch vorher noch einmal ins Münster von Mönchengladbach und schaut euch das Martinsfenster an.

Das Martinsfenster schuf der Glaskünstler Wilhelm Geyer. Er wurde am 24. Juni 1900 in Stuttgart geboren und starb am 5. Oktober 1968 in Ulm. Von 1919 bist 1926 studierte er an der Kunstakademie Stuttgart. In seiner Kunst beschäftigte er sich hauptsächlich mit christlichen Themen. Er hat Bleiglasfenster für über 200 Kirchen geschaffen. Im Kölner Dom und im Ulmer Münster findet man seine Werke. Für das Mönchengladbacher Münster schuf er die Chorfenster, die Fenster des Nordschiffs und um 1961 das Martinsfenster.

Das Münster zu Mönchengladbach ist die Klosterkirche der ehemaligen Benediktiner-Abtei. Die Kirche ist dem heiligen Vitus geweiht. 974 kamen Mönche aus Köln und Trier, um oberhalb des Gladbachs ein Kloster zu gründen. Erst 1802 wurde es durch den französischen Kaiser Napoleon aufgelöst. Die letzten Benediktiner-

mönche zerstreuten sich in alle Winde. Nachdem die Kirche im II. Weltkrieg zerstört worden war, baute man sie mit Hilfe des Münsterbauvereins ab 1946 wieder auf. 1973 erklärte Papst Paul VI. die mächtige Kirche zur Basilica minor. 2010 machte sie der Bischof von Aachen zur Pfarrkirche in der Stadtmitte von Mönchengladbach. In drei Bauabschnitten ist die heutige Kirche entstanden. Bedeutend sind die romanische Krypta und der gotische Hochchor, der 1275 durch den heiligen Albertus eingeweiht wurde. Das Bibelfenster in der Mitte stammt aus dieser Zeit.

Albert Damblon

Viele Anregungen verdanke ich: Manfred Becker-Huberti, Der Heilige Martin – Leben, Legenden und Gebräuche,

Sankt Martin ritt durch Schnee und Wind

1. Sankt Martin ritt durch Schnee und Wind,
sein Ross, das trug ihn fort geschwind.
Sankt Martin ritt mit leichtem Mut,
sein Mantel deckt ihn warm und gut.

2. Im Schnee da saß ein armer Mann,
hat Kleider nicht, hat Lumpen an;
„O helft mir doch in meiner Not,
sonst ist der bittre Frost mein Tod."

3. Sankt Martin zieht die Zügel an,
das Ross steht still beim armen Mann,
Sankt Martin mit dem Schwerte teilt
den warmen Mantel unverweilt.

4. Sankt Martin gibt den halben still,
der Bettler rasch ihm danken will,
Sankt Martin aber ritt in Eil
hinweg mit seinem Mantelteil.

5. Sankt Martin bald sein Ziel erreicht
und schnell von seinem Rösslein steigt;
ermüdet legt er sich zur Ruh';
die Augen fallen ihm gleich zu.

6. Im Traum schaut er ein glänzend' Licht
und eine milde Stimme spricht:
„Hab Dank, du braver Reitersmann,
für das, was du an mir getan!"

7. Sankt Martin ganz verwundert denkt:
Was hab ich heut' denn weggeschenkt?
Ich hatte weder Geld noch Brot,
zu lindern eines Armen Not.

8. Da naht sich wie die Sonne klar,
umringt von einer Engelschar,
mit Martins Mantel angetan,
der Heiland dem erstaunten Mann.

9. „Seht", spricht er zu den Engeln dann,
„seht, dieser brave Reitersmann
hat heut mit aller Freude mir
geschenkt den halben Mantel hier"

10. „Wer bist Du?" fragt Sankt Martin schnell,
da wird's in seiner Seele hell,
er sieht's, es ist der Herr der Welt,
der mit der Hand den Mantel hält.

11. Und huldvoll schaut er Martin an
und spricht: „Was heute du getan
am Bettler, der am Wege saß,
ich nahm's für mich, an mir geschah's.

12. Nimm freudig nun auch an den Lohn,
der dir bestimmt auf Erden schon:
Du sollst mein treuer Diener sein
als Bischof in der Kirche mein."

13. Sankt Martin ist dann aufgewacht
und hat sich gar nicht lang bedacht,
schon bald die Taufe er empfing
und dann zu lehren aus er ging.

14. Und die ihn hören, folgen gern
und dienen fortan Gott dem Herrn;
die Kirch in neuem Glanz erblüht,
wohin Sankt Martin immer zieht.

15. Sankt Martin war ein Wundermann,
der allzeit Gutes nur getan,
drum ging er auch ins Himmelreich
bei seinem Tode ein sogleich.

16. Nun feiern alle, groß und klein,
heut mit Gesang bei Fackelschein
sein Fest in Lust und Fröhlichkeit
nach frommem Brauch aus alter Zeit.